POLÍTICAS
DO PODER

MARGARET ATWOOD
POLÍTICAS DO PODER

POEMAS

Edição bilíngue

Introdução de
Jan Zwicky

Tradução de Stephanie Borges

Rocco

Título original
POWER POLITICS
POEMS

Primeira publicação em 1971 por House of Anansi Press Ltd
Edição revista publicada em 1996
Edição com a introdução publicada em 2018 no
Canadá e EUA pela Random House of Anansi Press Inc.

Copyright © 1971 Margaret Atwood
Copyright da introdução © 2018 Jan Zwicky

Edição brasileira publicada mediante acordo com
House of Anansi Press, Toronto, Canadá

Todos os direitos reservados.
Nenhuma parte desta obra pode ser reproduzida ou transmitida
por meio eletrônico, mecânico, fotocópia ou sob
qualquer outra forma sem a prévia autorização do editor.

Direitos para a língua portuguesa reservados
com exclusividade para o Brasil à
EDITORA ROCCO LTDA.
Rua Evaristo da Veiga, 65 – 11º andar
Passeio Corporate – Torre 1
20031-040 – Rio de Janeiro, RJ
Tel.: (21) 3525-2000 – Fax: (21) 3525-2001
rocco@rocco.com.br
www.rocco.com.br

Printed in Brazil/Impresso no Brasil

Preparação de originais
LETÍCIA FÉRES

CIP-Brasil. Catalogação na publicação.
Sindicato Nacional dos Editores de Livros, RJ.

Atwood, Margaret, 1939-

A899p   Políticas do poder: poemas / Margaret Atwood; introdução Jan Zwicky; tradução Stephanie Borges. – 1. ed. – Rio de Janeiro: Rocco, 2020.

Tradução de: Power politics : poems
ISBN 978-65-5532-038-1
ISBN 978-65-5595-026-7 (e-book)

1. Ficção canadense. I. Zwicky, Jan. II. Borges, Stephanie. III. Título.

20-66322

CDD: 819.1
CDU: 82-3(71)

Camila Donis Hartmann – Bibliotecária – CRB-7/6472

O texto deste livro obedece às normas do
Acordo Ortográfico da Língua Portuguesa.

INTRODUÇÃO
JAN ZWICKY

O que, neste momento da história da Europa e de suas culturas pós-coloniais, pode ser dito com qualquer grau de confiança sobre políticas heterossexuais? Que são inflamadas. Que uma polarização está acontecendo. Que as mulheres têm expressado raiva sem precedentes contra homens poderosos, que têm se comportado de formas sexualmente abusivas, corruptas e exploradoras. Que muitos homens heterossexuais compreendem e simpatizam com essa raiva, mas estão confusos em relação aos costumes que deveriam adquirir agora. Que o homem mais poderoso politicamente no mundo, um homem que está gravando em vídeo com entusiasmo a predação sexual real ou imaginada, continua seguro em seu escritório. Que o processo civil é frequentemente desprezado como um instrumento da ordem opressora e que uma nova virtude está prescrita em seu lugar: a fé na sinceridade das mulheres. Que as redes sociais têm desempenhado um papel crucial na revolta. E, mais importante, que as relações heterossexuais parecem estar passando por uma profunda mudança de marés. É possível que estejamos às portas de uma nova Reforma Protestante.

A antiga Reforma, que consumiu muito os séculos XVI e XVII na Europa, estava preocupada em acabar com a corrupção e os abusos de poder na Igreja Católica. Antes da publicação das famosas *95 teses*, de Martinho Lutero, houve pelo menos um século de protestos contra a venda das chamadas indulgências, que encheram os cofres da Igreja em troca da remissão de pecados. Em 1517, Lutero enviou suas *95 teses* contestando "o poder e a eficácia das indulgências" para o seu bispo. As *teses* foram publicadas originalmente em latim, mas no início de 1518 foram traduzidas para o alemão, e graças à nova tecnologia da prensa, em alguns meses as cópias se espalharam pela Europa.

Um princípio chave da visão alternativa de Lutero era de que a salvação era um dom de Deus, que não poderia ser comprado; portanto, ela poderia ser alcançada apenas pela fé, e não exigia, de fato não exige, a justificação por meio de boas obras. Entre os mais terríveis infratores contra o verdadeiro cristianismo, segundo Lutero, estava o próprio papa — um Medici, e um dos homens mais ricos da Europa —, que tinha instituído uma venda de indulgências entre os pobres alemães para pagar a reconstrução da Basílica de São Pedro.

Conforme o ponto de vista reformista ganhou força, houve manifestações. Em meados da década de 1520, monastérios, conventos, palácios episcopais e bibliotecas estavam sendo destruídos. Lutero repreendia as turbas, pregando a necessidade de paciência e convocando o exercício das virtudes cristãs como a caridade e a fé na vontade de Deus para realizar as mudanças necessárias sem violência. Em 1545, entretanto, um ano antes da morte de Lutero, no Concílio de Trento, a Igreja partiu para o contra-ataque. Lançou a Contrarreforma, que fez eclodirem as guerras francesas envolvendo a religião, a longa guerra turca, a extensa caça às bruxas e a violência terrível da Guerra dos Trinta Anos, na qual estima-se que a Alemanha perdeu quase 20% de sua população.

As conquistas da Reforma anterior foram, de certa forma, conflitantes. Os reformistas tiveram sucesso ao se livrarem das indulgências, mas conseguiram isso com a divisão da Igreja. Em retrospecto, podemos ver que o modo como a Reforma abraça o individualismo e a alfabetização possibilitou que ela se fundisse facilmente com os ideais culturais da Revolução Científica e do Iluminismo. A Reforma marca o fim da cultura Medieval na Europa e a transição para uma nova ordem, que é a apoteose da tecnocracia secular. Há uma linha direta das ações de Lutero em 1517 até o pronunciamento de Nietzsche sobre Deus estar morto em 1882.

Embora existam vários paralelos entre a Reforma Protestante e essa nova (o mais intrigante é que, na minha mente, é o papel das tecnologias de comunicação), há muitas descontinuidades cruciais. Uma é a ausência, na era atual, de uma figura única como Lutero em torno de quem a *declaração* de uma nova era foi definida. O descontentamento entre as mulheres dura milênios, não décadas, antigo; vozes famosas de oposição são centenas e não se contam nos dedos. E o problema da questão é de costumes sexuais, não religiosos. O sexo, argumenta-se a respeito, é uma característica menos maleável da existência humana do que a crença espiritual, e nós devemos, portanto, esperar que os comportamentos sexuais sejam menos abertos à variação. Estrogênio e testosterona são drogas psicotrópicas, mas — diferentemente do vinho, do peiote e dos cogumelos mágicos — seu uso ainda não é completamente opcional para a maioria das pessoas que fazem parte da maioria das sociedades. Entretanto, atualmente é possível alterar o sexo de alguém tecnologicamente. Ou eliminá-lo. Estará o sexo, então, pronto para seguir o caminho da religião? Pode ser que uma projeção que devemos levar a sério se desejamos aprender com as lições da Reforma Protestante.

É nessa atmosfera carregada que se reedita *Políticas do poder*, livro de poemas de Margaret Atwood, de 1971. Atwood disse que *The Edible Woman* [*A mulher comestível*], romance publicado logo antes de *Políticas do poder*, não foi escrito como uma resposta ao despertar da consciência feminista na América do Norte. Acredito que isso também é verdade em relação a *Políticas do poder*. O livro não é um manifesto, é um testemunho pessoal. Ele não nos diz que o pessoal é político, ele mostra isso. Existe um poder nessa demonstração que os slogans não conseguem alcançar e as estatísticas não conseguem apontar.

A própria Atwood caracteriza o livro como uma "sequência de não sonetos". Por que não dizer apenas "sequência" quando os poemas não têm catorze versos? Em parte, porque as sequências de sonetos, no auge de sua popularidade, eram especialmente dedicadas ao amor. O arco narrativo em Petrarca e Sidney segue a tradição do amor cortês: uma paixão intensa por uma pessoa indisponível é transmutada no amor de Deus. Não é assim em *Políticas do poder*. No entanto, em sua preocupação com o amor que se desintegra, ele tem um famoso predecessor recente: a sequência de sonetos *Modern Love* [Amor moderno], de George Meredith. E talvez valha a pena lembrar que em seus tempos de estudante, Atwood se dedicava aos vitorianos.

A outra razão que pode ser útil para pensar em *Políticas do poder* como uma "sequência de não sonetos" tem a ver com a textura de seu pensamento, um deleite na inteligência linguística que associamos com o florescimento do soneto inglês e a era elisabetana. Embora Marvell não fosse particularmente um sonetista, ele compartilhava uma sensibilidade com aqueles que desenvolviam a forma. As observações de Eliot sobre sua perspicácia são especialmente pertinentes aqui:

> Inteligência não é erudição [...]. Não é cinismo, embora tenha um tipo de dureza que pode ser confundida com o cinismo pelos de mente fraca. É confundida com erudição porque pertence aos de mente educada, ricos em gerações de experiência; e é confundida com o cinismo porque implica uma inspeção constante e crítica da experiência.

Posso pensar em algumas outras descrições adequadas de *Políticas do poder*: uma investigação inquieta e crítica da experiência por uma mente educada. A mais importante entre suas virtudes é a combinação entre a precisão e a complexidade: as ambiguidades são cristalinas. Seu testemunho é cheio de nuances — existe dor e perplexidade, assim como a raiva —, mas há uma pequena confusão e absolutamente nenhuma prostração. Apesar do sofrimento registrado, o olhar se mantém firme, uma firmeza que cintila na beleza lapidada da linguagem. Há piadas elegantes, e elas não são raras.

Uma das intrincadas ambiguidades gravadas em *Políticas do poder* é o papel de quem fala em uma relação que fracassa. Vários estereótipos opressivos assombram os poemas — imagens românticas de mulheres esperando seus homens voltarem da caça ou da guerra, o homem como Barba-Azul ou como um comandante militar, de madeira, ilhado da realidade, sua língua deixando cicatrizes em flores mofadas. Mas a narradora também compreende que é cúmplice na manutenção do relacionamento.

Não posso dizer que não te quero
a maré está do seu lado

Você tem as redes da terra
eu só tenho uma tesoura.

[...]

Visto minhas roupas
outra vez, bato em retirada, fecho portas
Estou surpresa/ Posso continuar
a pensar, comer, qualquer coisa

Como posso parar você

Por que eu criei você

(Poucos usos da barra são tão potentes quanto "Estou surpresa/Posso continuar"!) E a narradora também reconhece que é cúmplice na morte do relacionamento.

Somos duros um com o outro
e chamamos isso de honestidade,
[...]
As coisas que dissemos são
verdade; são nossos alvos
tortos, nossas escolhas
que as tornam criminosas.

Ela compreende que é ela, não seu amante, que é distante, analítica, a investigadora da dor dele para seu aprimoramento profissional, a agente da crucificação dele. É isso o que as políticas do poder fazem: elas forçam todos os participantes a assumirem a posição de antagonista. Suas raízes estão na territorialidade.

Ao criar a imagem da capa da nova edição norte-americana, a ilustradora Chloe Cushman se inspirou na imagem da capa da primeira edição. A capa original foi concebida por

William Kimber, mas a imagem foi desenhada de acordo com instruções dadas por Atwood. Ela mostra a figura de uma mulher enfaixada, suspensa pelo pé, amarada à luva de um cavaleiro que veste uma armadura completa. (A armadura está brilhando? Difícil dizer, mas é uma aposta razoável.) A figura da mulher suspensa é um eco claro do Enforcado nas cartas de tarô: seus braços estão na altura dos quadris, mãos nas suas costas; sua perna livre (a direita, embora no Enforcado seja a esquerda) está cruzada atrás da perna pela qual ela é erguida; seu olhar é claro e direto, sua expressão, suave. No tarô, o Enforcado é a carta de uma transformação potente e paradoxal: é a imagem da morte de uma antiga ordem, para que a pessoa possa ir além dela, de entregar-se à necessidade de mudança profunda enquanto a ação está suspensa.

É, portanto, uma carta complementar à Roda da Fortuna, outra imagem na qual Atwood tem demonstrado profundo interesse. Nos antigos baralhos do século XV, ela observa, a Roda da Fortuna mostra o pessoal que teve sorte boa anteriormente, sendo jogado para baixo e esmagado, e aqueles que não tiveram sorte antes, sendo elevados graças à sorte. Se você tirar essa carta, preste atenção a seus privilégios. As coisas podem parecer boas agora, mas elas provavelmente não continuarão assim amanhã. É uma carta particularmente sombria porque, embora aqueles no topo e na base estejam mudando de posição constantemente, a estrutura de mudança permanece superficial. Não existe um caminho na direção de um arranjo para todos.

O Enforcado, em contraste, prenuncia um realinhamento profundo. A imagem era baseada numa punição italiana particularmente terrível para traidores. Entretanto um traidor de quê e para quem? Se você tira a carta do Enforcado, você está numa encruzilhada. Você precisa romper com alguns padrões de comportamento com os quais estava comprometido, mas não terá sucesso simplesmente trabalhando duro para resolver o que o restringe. O último poema do livro diz:

1

Você caminha em minha direção
carregando uma nova morte
que é minha e de mais ninguém;

Seu rosto é prata
e plano, escamoso como um peixe

A morte que você me traz
é curvada, é do formato
de maçanetas, pesos de papel
luas de vidro

Dentro dela, neve e flocos
letais de ouro caem eternamente
sobre uma cena decorativa,
um homem e uma mulher, de mãos dadas e correndo

2

Nada do que eu possa fazer vai
desacelerar você, nada
fará você chegar mais cedo

Você é sério, um portador de dons,
você põe um pé
na frente do outro

ao longo de semanas e meses, entre
as rochas, subindo
fossos e noites profundas
sem estrelas no mar

em direção à terra firme e à segurança.

O Enforcado também é compreendido como a imagem de uma conquista espiritual excepcional: a sabedoria de ver as coisas como elas realmente são.

O que pode a Enforcada oferecer a quem lê *Políticas do poder* nestes tempos turbulentos — leitoras que reconheçam a própria experiência tortuosa na dela, e leitores com quem ela está atada em luta antagônica? Em uma perspectiva mais ampla, talvez, esses elementos se combinem com um compromisso constante com a justiça. Um desejo de mudar as estruturas da antiga ordem, não apenas de reverter quem está no topo e quem está na base. Um compromisso com a honestidade que sustenta a verdadeira justiça, de vermos nós mesmas e nossas cumplicidades pelo que elas são. E paciência: um freio nos desejos impulsivos de vingança. Fé na bondade dos outros. Esperança. Caridade.

Heriot Ridge,
13 de janeiro de 2018

Jan Zwicky publicou diversos livros de prosa e poesia, incluindo *The Long Walk* [A longa caminhada], *Wisdom & Metaphor* [Sabedoria e metáfora] e *Songs for Relinquishing the Earth* [Canções para abandonar a Terra]. Vive em Quadra Island, a oeste da costa da Colúmbia Britânica.

you fit into me
like a hook into an eye

a fish hook
an open eye

você se encaixa em mim
como um gancho num olho

um anzol
um olho aberto

He reappears

You rose from a snowbank
with three heads, all
your hands were in your pockets

I said, haven't
I seen you somewhere before

You pretended you were hungry
I offered you sandwiches and gingerale
but you refused

Your six eyes glowed
red, you shivered cunningly

Can't we
be friends I said;
you didn't answer.

Ele reaparece

Você emerge de um monte de neve
com três cabeças, todas
as suas mãos estavam em seus bolsos

Eu disse, por acaso não
vi você em algum lugar antes

Você fingiu estar faminto
eu te oferecí sanduíches e ginger ale
mas você recusou

Seus seis olhos brilhavam
vermelhos, você tremia astutamente

Não podemos
ser amigos, perguntei;
você não respondeu.

You take my hand and
I'm suddenly in a bad movie,
it goes on and on and
why am I fascinated

We waltz in slow motion
through an air stale with aphorisms
we meet behind endless potted palms
you climb through the wrong windows

Other people are leaving
but I always stay till the end
I paid my money, I
want to see what happens.

In chance bathtubs I have to
peel you off me
in the form of smoke and melted
celluloid

    Have to face it I'm
finally an addict,
the smell of popcorn and worn plush
lingers for weeks

Você pega minha mão e
de repente estou num filme ruim,
que se repete e se repete e
por que estou fascinada?

Valsamos em câmera lenta
por um ar carregado de aforismos
nos encontramos atrás de palmeiras em vasos sem-fim
você pula pelas janelas erradas

Outras pessoas vão embora
mas eu sempre fico até o final
gastei meu dinheiro, eu
quero ver o que acontece.

Em banheiras inesperadas tenho que
descascar você de mim
na forma de fumaça e celuloide
derretida

    Tenho que encarar, eu sou
enfim uma viciada,
o cheiro de pipoca e estofado gasto
permanece por semanas

She considers evading him

I can change my-
self more easily
than I can change you

I could grow bark and
become a shrub

or switch back in time
to the woman image left
in cave rubble, the drowned
stomach bulbed with fertility,
face a tiny bead, a
lump, queen of the termites

or (better) speed myself up,
disguise myself in the knuckles
and purple-veined veils of old ladies,
become arthritic and genteel

or one twist further:
collapse across your
bed clutching my heart
and pull the nostalgic sheet up over
my waxed farewell smile

which would be inconvenient
but final.

Ela pensa em escapar dele

Posso mudar a
mim mais fácil
do que posso mudar você

Eu poderia criar casca e
virar um arbusto

ou voltar no tempo
à imagem da mulher deixada
no cascalho da caverna, a afogada
a barriga bulbosa de fertilidade,
encara uma pequena conta, um
caroço, rainha dos cupins

ou (melhor) me apressar
disfarçar-me nos nós dos dedos
e véus de veias púrpura das velhas,
tornar-me artrítica e refinada

ou então essa virada:
desabar de viés na sua
cama agarrando meu coração
e puxar o lençol nostálgico sobre
meu sorriso estático de adeus

o que seria inconveniente
mas definitivo.

They eat out

In restaurants we argue
over which of us will pay for your funeral

though the real question is
whether or not I will make you immortal.

At the moment only I
can do it and so

I raise the magic fork
over the plate of beef fried rice

and plunge it into your heart.
There is a faint pop, a sizzle

and through your own split head
you rise up glowing;

the ceiling opens
a voice sings Love Is A Many

Splendoured Thing
you hang suspended above the city

in blue tights and a red cape,
your eyes flashing in unison.

Eles jantam fora

Em restaurantes discutimos
sobre quem de nós pagará pelo seu funeral

embora a verdadeira questão seja
se tornarei, ou não, você imortal.

No momento só eu
posso fazer isso e então

ergo meu garfo mágico
sobre o prato de arroz frito de carne

e o afundo em seu coração.
Há um estalo suave, um chiado

e do meio de sua cabeça partida
você emerge brilhando;

o teto se abre
uma voz canta Love is a Many

Splendoured Thing
você pende suspenso sobre a cidade

de malha azul e capa vermelha,
seus olhos brilham em uníssono.

The other diners regard you
some with awe, some only with boredom:

they cannot decide if you are a new weapon
or only a new advertisement.

As for me, I continue eating;
I liked you better the way you were,
but you were always ambitious.

Os outros comensais te observam
uns com reverência, outros apenas entediados:

não conseguem decidir se você é uma nova arma
ou apenas um novo anúncio.

Por minha vez, continuo comendo;
gostava mais do jeito como você era,
mas você sempre foi ambicioso.

After the agony in the guest
bedroom, you lying by the
overturned bed
your face uplifted, neck propped
against the windowsill, my arm
under you, cold moon
shining down through the window

wine mist rising
around you, an almost-
visible halo

You say, Do you
love me, do you love me

I answer you:
I stretch your arms out
one to either side,
your head slumps forward.

Later I take you home
in a taxi, and you
are sick in the bathtub.

Depois da agonia no quarto
de hóspedes, você deitado ao lado da
cama virada
seu rosto levantado, o pescoço escorado
contra o parapeito, meu braço
embaixo de você, a lua fria
brilha aqui embaixo pela janela

a névoa de vinho emerge
ao seu redor, quase um
halo visível

Você pergunta, Você
me ama, você me ama

Eu respondo:
abro seus braços
um para cada lado,
sua cabeça desaba para a frente.

Mais tarde levo você para casa
de táxi, e você
passa mal na banheira.

My beautiful wooden leader
with your heartful of medals
made of wood, fixing it
each time so you almost win,

you long to be bandaged
before you have been cut.
My love for you is the love
of one statue for another: tensed

and static. General, you enlist
my body in your heroic
struggle to become real:
though you promise bronze rescues

you hold me by the left ankle
so that my head brushes the ground,
my eyes are blinded,
my hair fills with white ribbons.

There are hordes of me now, alike
and paralyzed, we follow you
scattering floral tributes
under your hooves.

Magnificent on your wooden horse
you point with your fringed hand;
the sun sets, and the people all
ride off in the other direction.

Meu lindo ídolo de madeira
com seu peito cheio de medalhas
de madeira, fixadas
a cada quase vitória,

você deseja ser enfaixado
antes de ter sido esculpido.
Meu amor por você é o amor
de uma estátua por outra: tenso

e estático. General, você alista
meu corpo em sua heroica
luta para se tornar real:
embora você prometa resgates gloriosos

você me segura pelo tornozelo esquerdo
para que minha cabeça roce o chão,
meus olhos estão vendados,
meus cabelos, cheios de faixas brancas.

Existem hordas de mim, semelhantes
e paralisadas, nós seguimos você
espalhando flores em homenagem
sob os seus cascos.

Magnífico em seu cavalo de madeira
você aponta com sua mão peluda;
o sol se põe e todo o povo
cavalga na direção contrária.

He is a strange biological phenomenon

Like eggs and snails you have a shell

You are widespread
and bad for the garden,
hard to eradicate

Scavenger, you feed
only on dead meat:

Your flesh by now
is pure protein,
smooth as gelatin
or the slick bellies of leeches

You are sinuous and without bones
Your tongue leaves tiny scars
the ashy texture of mildewed flowers

You thrive on smoke; you have
no chlorophyll; you move
from place to place like a disease

Like mushrooms you live in closets
and come out only at night.

Ele é um estranho fenômeno biológico

Como ovos e caracóis você tem uma casca

Você é disperso
e mau para o jardim,
ruim de erradicar

Escaravelho, você se alimenta
somente de carniça:

Sua carne a esta altura
é pura proteína,
suave como gelatina
ou a barriga viscosa das lesmas

Você é sinuoso e sem ossos
Sua língua deixa pequenas cicatrizes
a textura cinzenta de flores mofadas

Você desabrocha na fumaça; você não tem
nenhuma clorofila; você se move
de um lugar a outro como uma doença

Como os cogumelos você vive em armários,
e só sai à noite.

You want to go back
to where the sky was inside us

animals ran through us, our hands
blessed and killed according to our
wisdom, death
made real blood come out

But face it, we have been
improved, our heads float
several inches above our necks
moored to us by
rubber tubes and filled with
clever bubbles,

                our bodies
are populated with billions
of soft pink numbers
multiplying and analyzing
themselves, perfecting
their own demands, no trouble to anyone.

I love you by
sections and when you work.

Do you want to be illiterate?
This is the way it is, get used to it.

Você quer voltar
para onde o céu estava dentro de nós

animais corriam entre nós, nossas mãos
abençoadas e matavam de acordo com a nossa
sabedoria, a morte
fez o verdadeiro sangue jorrar

Contudo encare, nós temos
melhorado, nossa cabeça flutua
vários centímetros acima de nosso pescoço
ancorado em nós por
tubos de borracha e cheio de
bolhas inteligentes,

          nosso corpo
é povoado com bilhões
de números rosados macios
multiplicando e analisando
a si mesmo, aperfeiçoando
suas próprias necessidades, sem problemas para ninguém.

Eu amo você por
partes e quando você funciona.

Você quer ser analfabeto?
É assim que é, acostume-se com isso.

Their attitudes differ

1

To understand
each other: anything
but that, & to avoid it

I will suspend my search for
germs if you will keep
your fingers off the microfilm
hidden inside my skin

2

I approach this love
like a biologist
pulling on my rubber
gloves & white labcoat

You flee from it
like an escaped political
prisoner, and no wonder

3

You held out your hand
I took your fingerprints

As atitudes deles são distintas

1

Para entender
um ao outro: qualquer coisa
menos isso, & para evitá-lo

vou suspender minha busca por
germes se você mantiver
seus dedos longe do microfilme
escondido dentro da minha pele

2

Eu me aproximo desse amor
como uma bióloga
vestindo minhas luvas
de borracha & jaleco branco

Você foge dele
como um prisioneiro político
em fuga, e não é surpresa

3

Você estende a sua mão
eu tiro suas digitais

You asked for love
I gave you only descriptions

Please die I said
so I can write about it

Você pergunta pelo amor
eu só te dei descrições

Por favor, morra, eu disse
então eu posso escrever sobre isso

They travel by air

A different room, this month
a worse one, where your
body with head
attached and my head with
body attached coincide briefly

I want questions and you want
only answers, but the building
is warming up, there is not much

time and time is not
fast enough for us any
more, the building sweeps
away, we are off course, we
separate, we hurtle towards each other
at the speed of sound, everything roars

we collide sightlessly and
fall, the pieces of us
mixed as disaster
and hit the pavement of this room
in a blur of silver fragments

Eles viajam pelo ar

Um quarto diferente, este mês
um bem pior, onde seu
corpo com a cabeça
atarraxada e minha cabeça com
o corpo atarraxado coincidem brevemente

Eu quero perguntas e você quer
apenas respostas, mas o edifício
está esquentando, não há muito

tempo e o tempo não é
veloz o bastante para nós não
mais, o edifício balança,
nós estamos fora da rota, nós nos
separamos, nós arremetemos em direção um ao outro
na velocidade do som, tudo berra

colidimos cegamente e
caímos, os pedaços de nós
misturados como um desastre
e atingimos o chão deste quarto
num borrão de fragmentos prateados

not the shore but an aquarium
filled with exhausted water and warm
seaweed
        glass clouded
with dust and algae
              tray
with the remains of dinner

smells of salt carcasses and uneaten shells

sunheat comes from wall
grating   no breeze

you sprawl across
              the bed like a marooned
starfish
        you are sand-
coloured
        on my back

your hand floats belly up

não o litoral, mas um aquário
cheio de água parada e algas marinhas
mornas
        vidro nublado
com pó e limo
              bandeja
com restos do jantar

cheiros de carcaças salgadas e conchas não comidas

o calor do sol vem da parede
raspando   sem brisa

você se espalha pela
              cama como uma estrela-do-mar
abandonada
        você é da cor
da areia
      nas minhas costas

sua mão boia de barriga para cima

You have made your escape,
your known addresses
crumple in the wind, the city
unfreezes with relief

traffic shifts back
to its routines, the swollen
buildings return to

normal, I walk believably
from house to store, nothing

remembers you but the bruises
on my thighs and the inside of my skull.

Você construiu sua fuga,
seus endereços conhecidos
amarrotados ao vento, a cidade
descongela com alívio

o trânsito volta
à sua rotina, inchado
os edifícios retornam ao

normal, eu ando verossímil
de casa até a loja, nada

faz lembrar você além dos hematomas
nas minhas coxas e dentro do meu crânio.

Because you are never here
but always there, I forget
not you but what you look like

You drift down the street
in the rain, your face
dissolving, changing shape, the colours
running together

My walls absorb
you, breathe you forth
again, you resume
yourself, I do not recognize you

You rest on the bed
watching me watching
you, we will never know
each other any better

than we do now

Porque você nunca está aqui
mas sempre lá, esqueço
não de você, mas de como se parece

Você flutua rua abaixo
na chuva, seu rosto
dissolvendo, mudando de forma, as cores
correndo juntas

Minhas paredes absorvem
você, respiram você
mais uma vez, você se recompõe
em si, eu não reconheço você

Você descansa na cama
a me assistir a assistir
você, nós nunca conheceremos
um ao outro melhor

do que agora

Imperialist, keep off
the trees I said.

No use: you walk backwards,
admiring your own footprints.

Imperialista, fique longe
das árvores, eu disse.

Inútil: você anda para trás,
admirando suas próprias pegadas.

After all you are quite
ordinary: 2 arms 2 legs
a head, a reasonable
body, toes & fingers, a few
eccentricities, a few honesties
but not too many, too many
postponements & regrets but

you'll adjust to it, meeting
deadlines and other
people, pretending to love
the wrong woman some of the
time, listening to your brain
shrink, your diaries
expanding as you grow older,

growing older, of course you'll
die but not yet, you'll outlive
even my distortions of you

and there isn't anything
I want to do about the fact
that you are unhappy & sick

you aren't sick & unhappy
only alive & stuck with it.

No fim das contas você é bem
comum: 2 braços 2 pernas
uma cabeça, um corpo
razoável, dedos das mãos & dos pés, umas poucas
excentricidades, umas poucas honestidades
mas não muitas, muitos
adiamentos & arrependimentos, mas

você vai se adaptar a isso, ter
prazos e outras
pessoas, fingir amar
a mulher errada por algum
tempo, ouvir seu cérebro
encolher, seus diários
se expandido conforme você envelhece,

ficar velho, é claro que você vai
morrer, mas ainda não, você sobreviverá
até às minhas distorções de você

e não há qualquer coisa
que eu queira fazer em relação ao fato
de que você está infeliz & doente

você não está infeliz & doente
só vivo & não sabe o que fazer com isso.

Small tactics

1

These days my fingers bleed
even before I bite them

Can't play it safe, can't play
at all any more

Let's go back please
to the games, they were
more fun and less painful

2

You too have your gentle
moments, you too have
eyelashes, each of your eyes
is a different colour

in the half light
your body stutters against
me, tentative as moths, your
skin is nervous

                      I touch
your mouth, I don't
want to hurt

Pequenas táticas

1

Esses dias minhas unhas sangram
antes mesmo de eu roê-las

Não consigo pegar leve, não levo
mais nada na brincadeira

Vamos, por favor, voltar
aos jogos, eles eram
mais divertidos e menos doloridos

2

Você também tem seus momentos
gentis, você também tem
cílios, cada um de seus olhos
é uma cor diferente

à meia-luz
seu corpo gagueja contra
mim, hesitante como mariposas, sua
pele é nervosa

        Eu toco
sua boca, eu não
quero machucar mais

you any more
now than I have to

3

Waiting for news of you
which does not come, I have to
guess you

        You are
in the city, climbing the stairs
already, that is you at the door

or you have gone, your last
message to me left
illegible on the mountain
road, quick
scribble of glass and blood

4

For stones, opening
is not easy

Staying closed is
less pain but

your anger finally
is more dangerous

você não mais
agora que eu tenho que

3

Esperando por notícias suas
que não vêm, tenho que
adivinhá-lo

    Você está
na cidade, subindo as escadas
já, aquele é você na porta

ou você foi, sua última
mensagem deixada para mim
ilegível na estrada
da montanha, ligeiro
rabisco em vidro e sangue

4

Para as pedras, abrir-se
não é fácil

Ficar fechada é
menos dor, mas

sua raiva enfim
é mais perigosa

To be picked up and thrown
(you won't stop) against

the ground, picked up
and thrown again and again

5

It's getting bad, you weren't
there again

Wire silences, you trying

to think of something you haven't
said, at least to me

Me trying to give
the impression it isn't

getting bad   at least
not yet

6

I walk the cell, open the window,
shut the window, the little
motors click
and whir, I turn on all the
taps and switches

Ser pega e atirada
(sem parar) contra

o chão, pega
e atirada várias vezes

5

Está piorando, você não estava
lá outra vez

Silêncios no telefone, você tentando

pensar em algo que não tenha
dito, pelo menos para mim

Eu tentando dar
a impressão de que não está

piorando   pelo menos
ainda não

6

Entro no cômodo, abro a janela,
fecho a janela, o pequeno
motor estala
e chia, aciono todas as
torneiras e interruptores

I take pills, I drink water, I kneel

O electric lights
that shine on my suitcases and my fears

Let me stop caring
about anything but skinless
wheels and smoothly-
running money

Get me out of this trap, this
body, let me be
like you, closed and useful

7

What do you expect after this?
Applause? Your name on stone?

You will have nothing
but me and in a worse way than before,

my face packed in cotton
in a white gift box, the features

dissolving and re-forming so quickly
I seem only to flicker.

Tomo comprimidos, bebo água, me ajoelho

Ó luzes elétricas
que reluzem nas minhas malas e meus medos

Deixem-me parar de me importar
com qualquer coisa além de rodas
sem pele e dinheiro
correndo suavemente

Tirem-me dessa armadilha, deste
corpo, deixem-me ser
como vocês, fechada e útil

7

O que você esperava depois disso?
Aplausos? Seu nome na pedra?

Você não terá nada
além de mim de um jeito pior que antes,

meu rosto envolto em algodão
numa caixa branca para presente, as feições

dissolvendo-se e re-formando tão rapidamente,
eu pareço apenas estremecer.

There are better ways of doing this

It would be so good if you'd
only stay up there
where I put you, I could
believe, you'd solve
most of my religious problems

you have to admit it's easier
when you're somewhere else

but today it's this
deserted mattress, music over-
heard through the end wall, you giving me
a hard time again for the fun
of it or just for

the publicity, when we leave each other
it will be so
we can say we did.

Há maneiras melhores de fazer isso

Seria tão melhor se você
só ficasse lá
onde o coloquei, eu poderia
acreditar, você resolveria
a maioria dos meus problemas religiosos

você tem que admitir é mais fácil
quando você está noutro lugar

mas hoje é este
colchão deserto, música entre-
ouvida através da última parede, você me dá
momentos difíceis outra vez pela diversão
de fazer isso ou só pela

publicidade, então quando deixarmos um ao outro
e assim será
podemos falar do que fizemos.

yes at first you
go down smooth as
pills, all of me
breathes you in and then it's

a kick in the head, orange
and brutal, sharp jewels
hit and my
hair splinters

                the adjectives
fall away from me, no
threads left holding
me, I flake apart
layer by
layer down
quietly to the bone, my skull
unfolds to an astounded flower

regrowing the body, learning
speech again takes
days and longer
each time/ too much of
this is fatal

sim no começo você
desceu suave como
comprimidos, tudo em mim
aspira você e então é

um coice na cabeça, laranja
e brutal, joias afiadas
me atingem e meu
cabelo estilhaça

          os adjetivos
caem longe de mim, não
sobraram fios me segurando,
eu me desfaço em flocos
camada por
camada caindo
silenciosamente até os ossos, meu crânio
desdobra-se em flores espantadas

crescem recriando o corpo, aprendem
a enunciar novamente, levam
dias e mais tempo
a cada vez/ muitas vezes disso
é fatal

The accident has occurred,
the ship has broken, the motor
of the car has failed, we have been
separated from the others,
we are alone in the sand, the ocean,
the frozen snow

I remember what I have to do
in order to stay alive,
I take stock of our belongings
most of them useless

I know I should be digging shelters,
killing seabirds and making
clothes from their feathers,
cutting the rinds from cacti, chewing
roots for water, scraping through
the ice for treebark, for moss

but I rest here without power
to save myself, tasting
salt in my mouth, the fact that
you won't save me

watching the mirage of us
hands locked, smiling,
as it fades into the white desert.

O acidente tinha acontecido,
o navio enguiçou, o motor
do carro falhou, nós temos estado
separados dos demais,
estamos sós na areia, no oceano,
na neve congelada

Eu me lembro do que tenho que fazer
para me manter viva,
inventario nossos pertences
a maioria deles inútil

Eu sei que deveria estar cavando abrigos,
matando aves marinhas e fazendo
roupas com suas penas,
cortando cascas de cactos, mascando
raízes pela água, arrancando
gelo das cascas das árvores, pelo musgo

mas repouso aqui sem o poder
de me salvar, sentindo o gosto
do sal em minha boca, do fato de que
você não me salvará

assisto à miragem de nós
mãos dadas, sorrindo,
enquanto ela desbota no deserto branco.

I touch you, straighten the sheet, you turn over
in the bed, tender
sun comes through the curtains

Which of us will survive
which of us will survive the other

Toco você, estico o lençol, você se vira
na cama, gentil
o sol entra pelas cortinas

Qual de nós sobreviverá
qual de nós sobreviverá ao outro

1

We are hard on each other
and call it honesty,
choosing our jagged truths
with care and aiming them across
the neutral table.

The things we say are
true; it is our crooked
aims, our choices
turn them criminal.

2

Of course your lies
are more amusing:
you make them new each time.

Your truths, painful and boring
repeat themselves over & over
perhaps because you own
so few of them

1

Somos duros um com o outro
e chamamos isso de honestidade,
escolhendo nossas verdades espinhosas
com cuidado e mirando-as do outro lado
da mesa neutra.

As coisas que dissemos são
verdade; são nossos alvos
tortos, nossas escolhas
que as tornam criminosas.

2

É claro que suas mentiras
são mais divertidas:
você inventa novas a cada vez.

Suas verdades, dolorosas e chatas
repetem-se várias & várias vezes
talvez porque você
tenha tão poucas

3

A truth should exist,
it should not be used
like this. If I love you

is that a fact or a weapon?

4

Does the body lie
moving like this, are these
touches, hairs, wet
soft marble my tongue runs over
lies you are telling me?

Your body is not a word,
it does not lie or
speak truth either.

It is only
here or not here.

3

Uma verdade deve existir,
deveria não ser usada
desse jeito. Se eu te amo

isso é um fato ou uma arma?

4

O corpo mente
movendo-se assim, serão esses
toques, cabelos, mármore
macio, molhado que minha língua explora
as mentiras que você me conta?

Seu corpo não é uma palavra,
não mente nem
fala a verdade.

Ele apenas está
aqui ou não.

He shifts from east to west

Because we have no history
I construct one for you

making use of what
there is, parts of other people's
lives, paragraphs
I invent, now and then
an object, a watch, a picture
you claim as yours

(What did go on in that red
brick building with the fire
escape? Which river?)

(You said you took
the boat, you forget too much.)

I locate you on streets, in cities
I've never seen, you walk
against a background crowded
with lifelike detail

which crumbles and turns grey
when I look too closely.

Ele se move do oriente para o ocidente

Porque não tem história
construo uma para você

fazendo uso do que
existe, partes de outras pessoas
suas vidas, parágrafos
que invento, de vez em quando
um objeto, um relógio, uma foto
que você alega ser sua

(O que aconteceu naquele prédio
de tijolos vermelhos com escada
de incêndio? Qual rio?)

(Você disse ter pegado
o barco, você se esquece demais.)

Situo você em ruas, em cidades
que nunca vi, você caminha
contra um fundo cheio de gente
com detalhamento realista

que desmorona e acinzenta
quando olho bem de perto.

Why should I need
to explain you, perhaps
this is the right place for you

The mountains in this hard
clear vacancy are blue tin
edges, you appear
without prelude midway between
my eyes and the nearest trees,
your colours bright, your
outline flattened

suspended in the air with no more
reason for occurring
exactly here than this billboard,
this highway or that cloud.

Por que eu precisaria
te explicar, talvez
este seja o lugar certo para você

As montanhas neste árduo
e claro vazio são bordas azuis
metálicas, você aparece
sem prelúdio no meio do caminho entre
meus olhos e as árvores mais próximas,
suas cores reluzem, seu
contorno achatado

suspenso no ar sem nenhuma
razão para acontecer
exatamente aqui além desse cartaz,
dessa estrada ou daquela nuvem.

At first I was given centuries
to wait in caves, in leather
tents, knowing you would never come back

Then it speeded up: only
several years between
the day you jangled off
into the mountains, and the day (it was
spring again) I rose from the embroidery
frame at the messenger's entrance.

That happened twice, or was it
more; and there was once, not so
long ago, you failed,
and came back in a wheelchair
with a moustache and a sunburn
and were insufferable.

Time before last though, I remember
I had a good eight months between
running alongside the train, skirts hitched, handing
you violets in at the window
and opening the letter; I watched
your snapshot fade for twenty years.

And last time (I drove to the airport
still dressed in my factory

De início me foram dados séculos
para esperar, em cavernas, tendas
de couro, sabendo que você nunca voltaria

Então se acelerou: somente
vários anos entre
o dia em que você saiu chacoalhando
para as montanhas, e o dia (de
primavera outra vez) em que desviei os olhos do bastidor
do bordado com a entrada do mensageiro.

O que aconteceu duas vezes, ou
mais; e houve uma vez, não há
muito tempo, você fracassou
e voltou numa cadeira de rodas
com um bigode e queimado de sol
e estava insuportável.

Da vez antes, contudo, eu me lembro
tive bons oito meses entre
correr ao lado do trem, saia enganchada, entregando
violetas para você na janela
e abrindo a carta; assisti à
sua fotografia desaparecer por vinte anos.

E da última vez (dirigi para o aeroporto
ainda vestida com meu macacão

overalls, the wrench
I had forgotten sticking out of the back
pocket; there you were,
zippered and helmeted, it was zero
hour, you said Be
Brave) it was at least three weeks before
I got the telegram and could start regretting.

But recently, the bad evenings
there are only seconds
between the warning on the radio and the
explosion; my hands
don't reach you

and on quieter nights
you jump up from
your chair without even touching your dinner
and I can scarcely kiss you goodbye
before you run out into the street and they shoot

da fábrica, a chave inglesa
que esqueci escapando do bolso
de trás; lá estava você,
paramentado e de capacete, era meia-
-noite, você disse Seja
Corajosa) ao menos três semanas antes
recebi o telegrama e pude começar a lamentar.

Mas recentemente as noites ruins
são apenas segundos
entre o alerta no rádio e a
explosão; minhas mãos
não te alcançam

e nas noites mais calmas
você se sobressalta da
sua cadeira sem sequer mexer no jantar
e mal posso te dar um beijo de despedida
antes de você correr para rua e eles atirarem

You refuse to own
yourself, you permit
others to do it for you:

you become slowly more public,
in a year there will be nothing left
of you but a megaphone

or you will descend through the roof
with the spurious authority of a
government official,
blue as a policeman, grey as a used angel,
having long forgotten the difference
between an annunciation and a parking ticket

or you will be slipped under
the door, your skin furred with cancelled
airmail stamps, your kiss no longer literature
but fine print, a set of instructions.

If you deny these uniforms
and choose to repossess
yourself, your future

Você se recusa a se apossar
de si, permite
que outros façam isso por você:

você lentamente se torna mais público,
em um ano nada sobrará
de você além de um megafone

ou você desceria pelo teto
com a autoridade espúria de um
representante do governo,
azul como um policial, cinza como um anjo gasto,
tendo há muito esquecido a diferença
entre uma anunciação e uma multa de estacionamento

ou você será deslizado por baixo
da porta, sua pele recoberta de selos
de cartas devolvidas, seus beijos não mais literatura
mas letras miúdas, um conjunto de instruções.

Se você recusar esses uniformes
e decidir retomar
a si mesmo, seu futuro

will be less dignified, more painful, death will be sooner,
(it is no longer possible
to be both human and alive): lying piled with
the others, your face and body
covered so thickly with scars
only the eyes show through.

será menos respeitável, mais doloroso, a morte virá
                                        [em breve
(não será mais possível
ser humano e estar vivo): deitado amontoado com
os outros, seu rosto e seu corpo
cobertos de grossas cicatrizes
somente os olhos aparecem.

We hear nothing these days
from the ones in power

Why talk when you are a shoulder
or a vault

Why talk when you are
helmeted with numbers

Fists have many forms;
a fist knows what it can do

without the nuisance of speaking:
it grabs and smashes.

From those inside or under
words gush like toothpaste.

Language, the fist
proclaims by squeezing
is for the weak only.

Nós nada ouvimos esses dias
daqueles que estão no poder

Por que falar quando você é um ombro
ou um cofre

Por que falar quando você
está protegido por números

Punhos têm muitas formas;
um punho sabe o que pode fazer

sem o incômodo de falar:
ele agarra e aperta.

Dos que estão dentro ou debaixo
as palavras jorram como pasta de dente.

Linguagem, o punho
proclama ao apertar
é apenas para os fracos.

You did it
it was you who started the countdown

and you conversely
on whom the demonic number
zero descended in the form of an egg-
bodied machine
coming at you like a
football or a bloated thumb

and it was you whose skin
fell off bubbling
all at once when the fence
accidentally touched you

and you also who laughed
when you saw it happen.

When will you learn
the flame and the wood/ flesh
it burns are whole and the same?

You attempt merely power
you accomplish merely suffering

Você fez isso
foi você quem começou a contagem regressiva

e você contrariamente
ao número demoníaco
zero descido na forma de um ovo
máquina corpórea
vindo para você como uma
bola de futebol ou um polegar inchado

e era a sua a pele que
caiu borbulhando
toda de uma vez quando a cerca
acidentalmente o tocou

e foi você também quem riu
quando viu o que aconteceu.

Quando você vai aprender
a chama e a madeira/ carne
queimadas são um todo e o mesmo?

Você se esforça só pelo poder
você conquista apenas sofrimento

How long do you expect me to wait
while you cauterize your
senses, one
after another
turning yourself to an
impervious glass tower?

How long will you demand I love you?

I'm through, I won't make
any more flowers for you

I judge you as the trees do
by dying

Por quanto tempo você espera que eu espere
enquanto cauteriza seus
sentidos, um
atrás do outro
transformando-se em uma
impenetrável torre de vidro?

Por quanto tempo você exigirá que eu te ame?

Para mim chega, não farei
mais nenhuma flor para você

Julgo você como as árvores o fazem
morrendo

your back is rough all
over like a cat's tongue/ I stroke
you lightly and you shiver

you clench yourself, withhold
even your flesh
outline/ pleasure is what
you take but will not accept.

believe me, allow
me to touch you
gently, it may be the last

time/ your closed eyes beat
against my fingers
I slip my hand down
your neck, rest on the pulse

you pull away

there is something in your throat that wants
to get out and you won't let it.

suas costas são ásperas toda
a extensão como uma língua de gato/ acaricio
levemente e você estremece

você se agarra, retém
até a silhueta de sua
carne/ prazer é o que
você rouba mas não aceita.

acredite em mim, permita-
me tocar você
suavemente, pode ser a última

vez/ seus olhos fechados pulsam
contra os meus dedos
deslizo minha mão descendo
pelo seu pescoço, paro no batimento

você se afasta

há algo na sua garganta e quer
sair e você não permitirá.

This is a mistake,
these arms and legs
that don't work any more

Now it's broken
and no space for excuses.

The earth doesn't comfort,
it only covers up
if you have the decency to stay quiet

The sun doesn't forgive,
it looks and keeps going.

Night seeps into us
through the accidents we have
inflicted on each other

Next time we commit
love, we ought to
choose in advance what to kill.

Isso é um erro,
esses braços e pernas
que não funcionam mais

Agora está quebrado
e não há espaço para desculpas.

A terra não conforta
ela só cobre
se você tiver a decência de ficar quieto

O sol não perdoa,
observa e segue seu movimento.

A noite se infiltra em nós
pelos acidentes que temos
infligido um ao outro

A próxima vez que nos comprometermos com
o amor, nós devemos
escolher com antecedência o que matar.

Beyond truth,
tenacity: of those
dwarf trees & mosses,
hooked into straight rock
believing the sun's lies & thus
refuting/ gravity

& of this cactus, gathering
itself together
against the sand, yes tough
rind & spikes but doing
the best it can

Além da verdade,
tenacidade: a daquelas
árvores anãs & musgos,
agarrados na rocha lisa
acreditando no pôr do sol & assim
contrapondo/ a gravidade

& deste cacto, reunindo
se juntando
contra a areia, sim casca
dura & espinhos mas fazendo
o melhor que pode

They are hostile nations

1

In view of the fading animals
the proliferation of sewers and fears
the sea clogging, the air
nearing extinction

we should be kind, we should
take warning, we should forgive each other

Instead we are opposite, we
touch as though attacking,

the gifts we bring
even in good faith maybe
warp in our hands to
implements, to manoeuvres

2

Put down the target of me
you guard inside your binoculars,
in turn I will surrender

this aerial photograph
(your vulnerable

Eles são nações hostis

1

Tendo em vista a desaparição dos animais
a proliferação de esgotos e medos
o mar entupindo, o ar
próximo da extinção

deveríamos ser gentis, deveríamos
tomar cuidado, deveríamos perdoar um ao outro

Em vez disso somos o contrário, nós
nos tocamos como se atacássemos,

os presentes que trazemos
ainda que de boa-fé talvez
desvirtuem-se em nossas mãos em
apetrechos, em manobras

2

Tire de mim o alvo
guardado dentro dos seus binóculos,
em troca entregarei

essa fotografia aérea
(suas áreas vulneráveis

sections marked in red)
I have found so useful

See, we are alone in
the dormant field, the snow
that cannot be eaten or captured

3

Here there are no armies
here there is no money

It is cold and getting colder

We need each others'
breathing, warmth, surviving
is the only war
we can afford, stay

walking with me, there is almost
time/ if we can only
make it as far as

the (possibly) last summer

marcadas em vermelho)
que considerei tão útil

Veja, estamos sozinhos
o campo adormecido, a neve
que não pode ser comida nem capturada

3

Aqui não há exércitos
aqui não há dinheiro

Está frio e esfria mais

Precisamos um do outro,
da respiração, do calor, da sobrevivência
é a única guerra
a que podemos nos dar ao luxo, fique

caminhe comigo, quase há
tempo / se ao menos pudéssemos
ir tão longe quanto

o (possivelmente) último verão

Returning from the dead
used to be something I did well

I began asking why
I began forgetting how

Voltar dos mortos
uma coisa que eu fazia bem

Comecei a perguntar por quê
Comecei a esquecer como

Spring again, can I stand it
shooting its needles into
the earth, my head, both
used to darkness

Snow on brown soil and
the squashed caterpillar
coloured liquid lawn

Winter collapses
in slack folds around
my feet/ no leaves yet/ loose fat

Thick lilac buds crouch for the
spurt but I
hold back

Not ready/ help me
what I want from you is
moonlight smooth as
wind, long hairs of water

Primavera novamente, posso suportá-la
atirando as suas agulhas na
terra, na minha cabeça, as duas
acostumadas à escuridão

Neve no solo marrom e
a lagarta esmagada
cor de gramado líquido

O inverno colapsa
em dobras folgadas ao redor
meus pés/ ainda sem folhas/ gordura flácida

Botões de lilás se curvam pelo
desabrochar, mas eu
me contenho

Não estou pronta/ me ajude
o que eu quero de você é
a luz do luar suave como
o vento, longos cabelos d'água

This year I intended children
a space where I could raise
foxes and strawberries, finally
be reconciled to fur seeds & burrows

but the entrails of dead cards
are against me, foretell
it will be water, the

element that shaped
me, that I shape by
being in

        It is the blue
cup, I fill it

it is the pond again
where the children, looking from
the side of the boat, see their mother

upside down, lifesize, hair streaming
over the slashed throat
and words fertilize each other
in the cold and with bulging eyes

Este ano eu pretendia crianças,
um espaço onde eu pudesse criar
raposas e morangos, enfim
ser reconciliada com embriões peludos & tocas

mas as vísceras das cartas mortas
estão contra mim, preveem
que haverá água, o

elemento que moldou
quem sou, ao qual dou forma
ao estar dentro

   Ela é a taça
azul, eu a preencho

ela é o lago novamente
onde as crianças, olhando do
lado do barco, veem sua mãe

de cabeça pra baixo, tamanho natural, cabelos fluindo
sobre a garganta cortada
e as palavras fertilizam umas às outras
no frio e com os olhos saltados

I am sitting on the
edge of the impartial
bed, I have been turned to crystal, you enter

bringing love in the form of
a cardboard box (empty)
a pocket (empty)
some hands (also empty)

Be careful I say but
how can you
          the empty
thing comes out of your hands, it
fills the room slowly, it is
a pressure, a lack of
pressure
          Like a deep sea
creature with glass bones and wafer
eyes drawn
to the surface, I break

open, the pieces of me
shine briefly in your empty hands

Estou sentada na
borda da cama
imparcial, fui transformada em cristal, você entra

trazendo amor na forma de
uma caixa de papelão (vazia)
um bolso (vazio)
algumas mãos (também vazias)

Tenha cuidado eu digo, mas
como você pode
         o vazio
essa coisa sai das suas mãos, ele
preenche o quarto lentamente, ele é
uma pressão, uma falta de
pressão
         Como uma criatura
do fundo do mar com ossos de vidro e
olhos de hóstia atraídos
pela superfície, eu estilhaço

aberta, os pedaços de mim
brilham brevemente em suas mãos vazias

I see you fugitive, stumbling across the prairie,
lungs knotted by thirst, sunheat
nailing you down, all the things
after you that can be after you
with their clamps and poisoned mazes

Should I help you?
Should I make you a mirage?

My right hand unfolds rivers
around you, my left hand releases its trees,
I speak rain,
I spin you a night and you hide in it.

Now you have one enemy
instead of many.

Eu vejo você fugitivo, tropeçando pela pradaria,
pulmões amarrados pela sede, o calor do sol
derrota você, todas as coisas
atrás de você que podem estar atrás de você
com suas pinças e labirintos envenenados

Eu deveria te ajudar?
Eu deveria te transformar numa miragem?

Minha mão direita espalha rios
ao seu redor, minha mão esquerda libera árvores,
eu falo chuva, te
fio uma noite e nela você se esconde.

Agora você tem um inimigo
em vez de vários.

We are standing facing each other
in an eighteenth century room
with fragile tables and mirrors
in carved frames; the curtains,
red brocade, are drawn

the doors are shut, you aren't talking,
the chandeliers aren't talking, the carpets

also remain silent.
You stay closed, your skin
is buttoned firmly around you,
your mouth is a tin decoration,
you are in the worst possible taste.

You are fake as the marble trim
around the fireplace, there is nothing
I wouldn't do to be away
from here.   I do nothing

because the light changes, the tables
and mirrors radiate from around you,
you step backwards away from me
the length of the room

holding cupped in your hands
behind your back

Nós estamos de pé encarando um ao outro
em uma sala do século dezoito
com mesas e espelhos frágeis
em molduras entalhadas; as cortinas,
brocado vermelho, estão abertas

as portas estão fechadas, você não está falando,
os candelabros não estão falando, os tapetes

também se mantêm silenciosos.
Você permanece fechado, sua pele
abotoada com firmeza no seu entorno,
sua boca é uma decoração de lata,
você está no pior estilo possível.

Você é falso como o acabamento de mármore
ao redor da lareira, não há nada
que eu não faria para estar longe
daqui.   Não faço nada

porque a luz muda, as mesas
e espelhos reluzem à sua volta,
seu passo para trás, afasta-o de mim
o comprimento da sala

contido em suas mãos em concha
às suas costas

                        an offering
  a gold word   a signal

I need more than
air, blood, it would open
everything

which you won't let me see.

uma palavra dourada   uma oferta
                                               um sinal

eu preciso mais do que de
ar, de sangue, isso abriria
tudo

o que você não me deixa ver.

Sleeping in sun-
light (you occupy
me so completely

run through my brain as warm
chemicals and melted
gold, spread out wings to the
ends of my fingers
reach my heart and
stop, digging your claws in

If a bird what kind/
nothing I have ever
seen in air/ you fly
through earth and water casting
a red shadow

The door wakes me, this is
your jewelled reptilian
eye in darkness next to
mine, shining feathers of
hair sift over my forehead

Dormindo à luz
do sol (você me ocupa
tão completamente

corre pelo meu cérebro como químicos
quentes e ouro
derretido, abra suas asas até
as pontas dos meus dedos
alcance meu coração e
pare, cravando as unhas nele

Se um pássaro de que tipo/
algo que eu nunca tenha
visto no ar/ você voa
sobre a terra e água projetando
uma sombra vermelha

A porta me acorda, isto é
seu olho reptiliano adornado de
joias na escuridão perto do
meu, penas brilhantes
de cabelos peneiradas sobre minha testa

What is it, it does not
move like love, it does
not want to know, it
does not want to stroke, unfold

it does not even want to
touch, it is more like
an animal (not
loving) a
thing trapped, you move
wounded, you are hurt, you hurt,
you want to get out, you want
to tear yourself out, I am

the outside, I am snow and
space, pathways, you gather
yourself, your muscles

clutch, you move
into me as though I
am (wrenching
your way through, this is
urgent, it is your
life) the
last chance for freedom

O que isso é, não se
move como o amor,
não quer saber,
não quer afagar, revelar

não deseja sequer
tocar, é mais como
um animal (não
carinhoso) uma
coisa aprisionada, você se move
ferido, você está machucado, você machuca,
você quer sair, quer se
despedaçar e sair daí, eu sou

o lado de fora, sou a neve e
o espaço, caminhos, você se
junta, seus músculos

se agarram, você se move
dentro de mim embora eu
(rasgando através
para abrir seu caminho, isso é
urgente, isso é a sua
vida) seja a
última chance de liberdade

You are the sun
in reverse, all energy
flows into you and is
abolished; you refuse
houses, you smell of
catastrophe, I see you
blind and one-handed, flashing
in the dark, trees breaking
under your feet, you demand,
you demand

I lie mutilated beside
you; beneath us there are
sirens, fires, the people run
squealing, the city
is crushed and gutted,
the ends of your fingers bleed
from 1000 murders

Putting on my clothes
again, retreating, closing doors
I am amazed/ I can continue
to think, eat, anything

How can I stop you

Why did I create you

Você é o sol
ao contrário, toda energia
flui para dentro de você e é
dissolvida; você recusa
casas, você cheira a
catástrofe, eu o vejo
cego e maneta, cintilando
no escuro, árvores quebram
sob seus pés, você exige,
você demanda

Eu me deito mutilada ao seu
lado; entre nós há
sirenes, incêndios, as pessoas correm
berrando, a cidade
está destruída e eviscerada,
as pontas dos seus dedos sangram
de 1000 assassinatos

Visto minhas roupas
outra vez, bato em retirada, fecho portas
Estou surpresa/ Posso continuar
a pensar, comer, qualquer coisa

Como posso parar você

Por que eu criei você

Hesitations outside the door

1

I'm telling the wrong lies,
they are not even useful.

The right lies would at least
be keys, they would open the door.

The door is closed; the chairs,
the tables, the steel bowl, myself

shaping bread in the kitchen, wait
outside it.

2

That was a lie also,
I could go in if I wanted to.

Whose house is this
we both live in
but neither of us owns

How can I be expected
to find my way around

I could go in if I wanted to,
that's not the point, I don't have time,

Hesitações do lado de fora da porta

1

Estou contando as mentiras erradas,
elas sequer são úteis.

As mentiras certas pelo menos
seriam chaves, elas abririam a porta.

A porta está fechada; as cadeiras,
as mesas, a tigela de aço, eu

amassando pão na cozinha, esperamos
do lado de fora.

2

Também era mentira,
que eu poderia entrar se quisesse.

De quem é essa casa
onde nós dois vivemos
sem nenhum dos dois ter a posse

Como se pode esperar
que eu ponha as coisas do meu jeito aqui

Eu poderia entrar se quisesse,
esse não é o ponto, eu não tenho tempo,

I should be doing something
other than you.

3

What do you want from me
you who walk towards me over the long floor

your arms outstretched, your heart
luminous through the ribs

around your head a crown
of shining blood

This is your castle, this is your metal door,
these are your stairs, your

bones, you twist all possible
dimensions into your own

4

Alternate version: you advance
through the grey streets of this house,

the walls crumble, the dishes
thaw, vines grow
on the softening refrigerator

Eu deveria me ocupar de outra coisa
além de você.

3

O que você quer de mim
você que anda na minha direção sobre o piso de tábuas

seus braços abertos, seu coração
luminoso entre as costelas

em sua cabeça uma coroa
de sangue reluzente

Este é o seu castelo, esta é sua porta de metal,
estas são suas escadas, seus

ossos, você distorce todas as possíveis
dimensões em suas próprias

4

Versão alternativa: você avança
pelas ruas cinzentas desta casa,

as paredes se despedaçam, os pratos
derretem, as videiras crescem
no refrigerador descongelando

I say, leave me
alone, this is my winter,

I will stay here if I choose

You will not listen
to resistances, you cover me

with flags, a dark
red season, you delete from me
all other colours

5

Don't let me do this to you,
you are not those other people,
you are yourself

Take off the signatures, the false
bodies, this love
which does not fit you

This is not a house, there are no doors,
get out while it is
open, while you still can

Digo, deixe-me
sozinha, este é o meu inverno,

Ficarei aqui se eu quiser

Você não escutará
as resistências, você me cobre

com bandeiras, uma estação
vermelho-escura, você apagou de mim
todas as outras cores

5

Não me deixe fazer isso com você,
você não é aquela outra pessoa,
você é quem é

Abandone as assinaturas, os falsos
corpos, este amor
que não combina com você

Isso não é uma casa, não há portas,
caia fora enquanto está
aberta, enquanto você ainda pode

6

If we make stories for each other
about what is in the room
we will never have to go in.

You say: my other wives
are in there, they are all
beautiful and happy, they love me, why
disturb them

I say: it is only
a cupboard, my collection
of envelopes, my painted
eggs, my rings

In your pockets the thin women
hang on their hooks, dismembered

Around my neck I wear
the head of the beloved, pressed
in the metal retina like a picked flower.

7

Should we go into it
together/ If I go into it
with you I will never come out

6

Se inventarmos histórias um para o outro
sobre o que há no quarto
nunca teremos que ir lá dentro.

Você diz: minhas outras esposas
estão lá, elas são todas
lindas e felizes, elas me amam, por que
perturbá-las

Eu digo: é só
um armário, minha coleção
de envelopes, meus ovos
pintados, meus anéis

Em seus bolsos as mulheres fragilizadas
pendem em seus anzóis, desmembradas

Pendurada em meu pescoço uso
a cabeça do amado, prensada
entre vidros e metais como uma flor colhida.

7

Nós deveríamos entrar nele
juntos/ Se eu entrar
com você jamais sairei

If I wait outside I can salvage
this house or what is left
of it, I can keep
my candles, my dead uncles
my restrictions

but you will go
alone, either
way is loss

Tell me what it is for

In the room we will find nothing
In the room we will find each other

Se esperar do lado de fora posso preservar
esta casa ou o que sobrar
dela, posso manter
minhas velas, meus parentes mortos
minhas condições

mas você vai entrar
sozinho, qualquer
caminho é perda

Diga-me para que isso

No quarto nós nada encontraremos
No quarto nos encontraremos

Lying here, everything in me
brittle and pushing you away

This is not something I
wanted, I tell you

silently, not admitting
the truth of where

I am, so far
up, the sky incredible and dark

blue, each breath
a gift in the steep air

How hard even the boulders
find it to grow here

and I don't know how to accept
your freedom, I don't know

what to do with this
precipice, this joy

What do you see, I ask/ my voice
absorbed by stone and outer

space/ you are asleep, you see
what there is. Beside you

I bend and enter

Deitada aqui, tudo em mim
quebradiço e rejeita você

Isto não é algo que eu
queira, digo a você

silenciosamente, sem admitir
a verdade de onde

Estou, tão longe
tão alto, o céu incrível e escuro

azul, cada respiração
um presente no ar rarefeito

Duro num nível, até as rochas
consideram difícil crescer aqui

e eu não sei como aceitar
sua liberdade, eu não sei

o que fazer com este
precipício, esta alegria

O que você vê, eu pergunto/ minha voz
absorvida pela pedra e pelo espaço

sideral/ adormecido, você vê
o que existe. Ao seu lado

eu me curvo e entro

I look up, you are standing
on the other side of the window

now   your body
glimmers in the dark

room/ you rise above me
smooth, chill, stone-

white/ you smell of tunnels
you smell of too much time

I should have used leaves
and silver to prevent you

instead I summoned

you are not a bird you do not fly
you are not an animal you do not run

you are not a man

your mouth is nothingness
where it touches me I vanish

you descend on me like age
you descend on me like earth

Olho para cima, você está de pé
do outro lado da janela

agora   seu corpo
brilha no quarto

escuro/ você se ergue sobre mim
suave, frio, mar-

morizado/ você cheira a túneis
você cheira a tempo demais

Eu deveria ter usado folhas
e prata para me prevenir de você

em vez disso eu te invoquei

você não é um pássaro você não voa
você não é um animal você não corre

você não é um homem

sua boca é um vazio
onde ela me toca eu desapareço

você cai sobre mim como a idade
você cai sobre mim como a terra

I can't tell you my name:
you don't believe I have one

I can't warn you this boat is falling
you planned it that way

You've never had a face
but you know that appeals to me

You are old enough to be my
skeleton: you know that also.

I can't tell you I don't want you
the sea is on your side

You have the earth's nets
I have only a pair of scissors.

When I look for you I find
water or moving shadow

There is no way I can lose you
when you are lost already.

Não posso dizer meu nome:
você não acredita que eu tenha um

Não posso avisar que este barco está afundando
você planejou desse jeito

Você nunca teve um rosto
mas conhece o que me atrai

Você é velho o bastante para ser meu
esqueleto: você também sabe disso.

Não posso dizer que não te quero
a maré está do seu lado

Você tem as redes da terra
eu só tenho uma tesoura.

Quando procuro por você eu encontro
água ou sombra em movimento

Não há um jeito de eu perder você
quando você já está perdido.

They were all inaccurate:

the hinged bronze man, the fragile man
built of glass pebbles,
the fanged man with his opulent capes and boots

peeling away from you in scales.

It was my fault but you helped,
you enjoyed it.

Neither of us will enjoy
the rest: you following me
down streets, hallways, melting
when I touch you,
avoiding the sleeves of the bargains
I hold out for you,
your face corroded by truth,

crippled, persistent. You ask
like the wind, again and again and
wordlessly, for the one forbidden thing:

love without mirrors and not for
my reasons but your own.

Eles são todos imprecisos:

o homem articulado de bronze, o homem frágil
feito de contas de vidro,
o homem com presas e capa e botas opulentas

retiro escamas me despindo de você.

Foi culpa minha mas você ajudou,
você gostou disso.

Nenhum de nós gostará
do resto: você me seguindo
pelas ruas, corredores, derretendo
quando eu te toco,
evitando as mangas das barganhas
eu ofereço a você,
seu rosto corroído pela verdade,

aleijado, persistente. Você pede
como o vento, várias e várias vezes e
sem palavras, por uma única coisa proibida:

amor sem espelhos e não pelos
meus motivos mas pelos seus.

He is last seen

1

You walk towards me
carrying a new death
which is mine and no-one else's;

Your face is silver
and flat, scaled like a fish

The death you bring me
is curved, it is the shape
of doorknobs, moons
glass paperweights

Inside it, snow and lethal
flakes of gold fall endlessly
over an ornamental scene,
a man and woman, hands joined and running

2

Nothing I can do will slow you
down, nothing
will make you arrive any sooner

Ele é visto pela última vez

1

Você caminha em minha direção
carregando uma nova morte
que é minha e de mais ninguém;

Seu rosto é prata
e plano, escamoso como um peixe

A morte que você me traz
é curvada, é do formato
de maçanetas, pesos de papel
luas de vidro

Dentro dela, neve e flocos
letais de ouro caem eternamente
sobre uma cena decorativa,
um homem e uma mulher, de mãos dadas e correndo

2

Nada do que eu possa fazer vai
desacelerar você, nada
fará você chegar mais cedo

You are serious, a gift-bearer,
you set one foot
in front of the other

through the weeks and months, across
the rocks, up from
the pits and starless deep
nights of the sea

towards firm ground and safety.

Você é sério, um portador de dons,
você põe um pé
na frente do outro

ao longo de semanas e meses, entre
as rochas, subindo
fossos e noites profundas
sem estrelas no mar

em direção à terra firme e à segurança.

Impressão e Acabamento:
LIS GRÁFICA E EDITORA LTDA.